I0786544

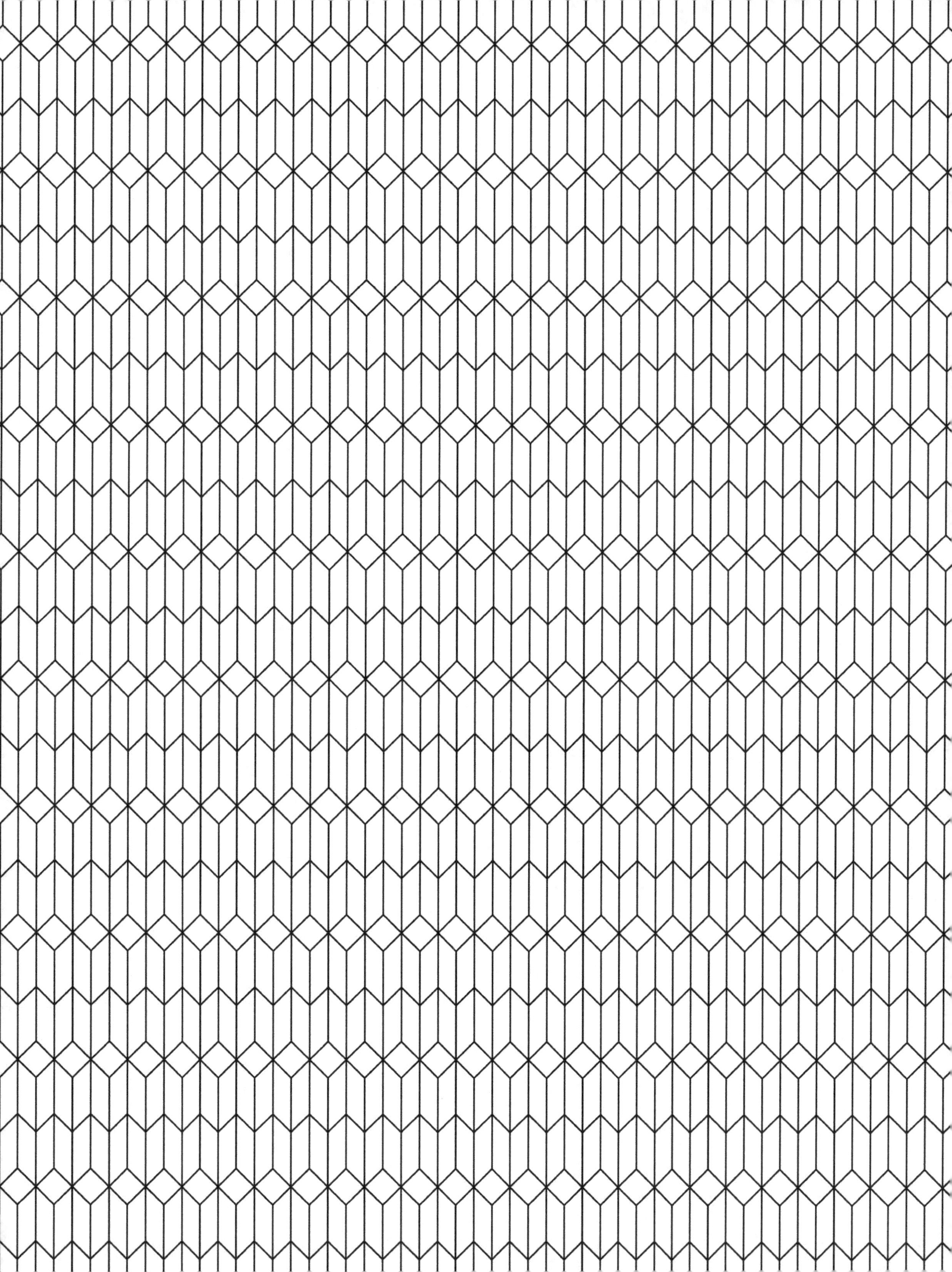

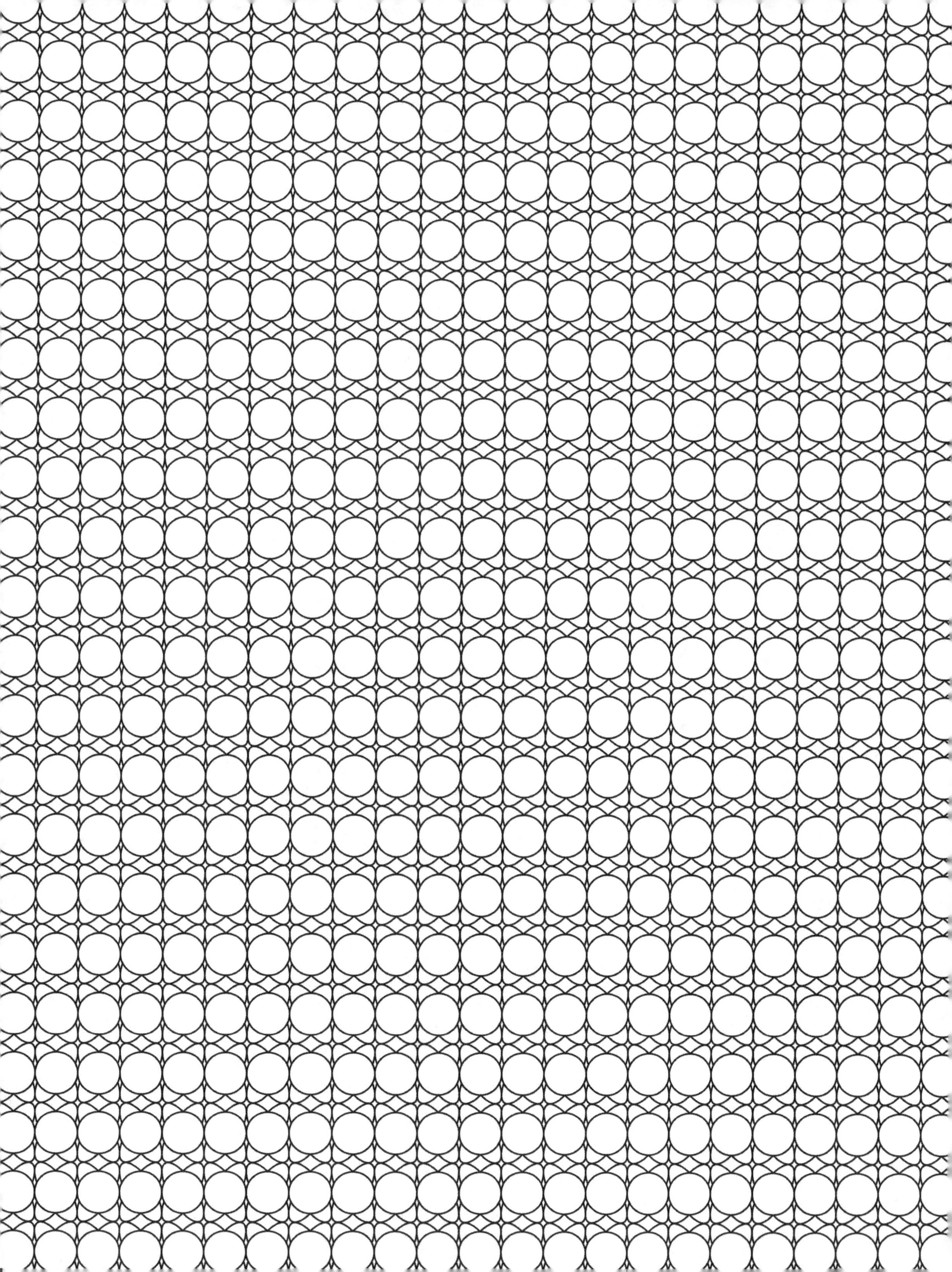

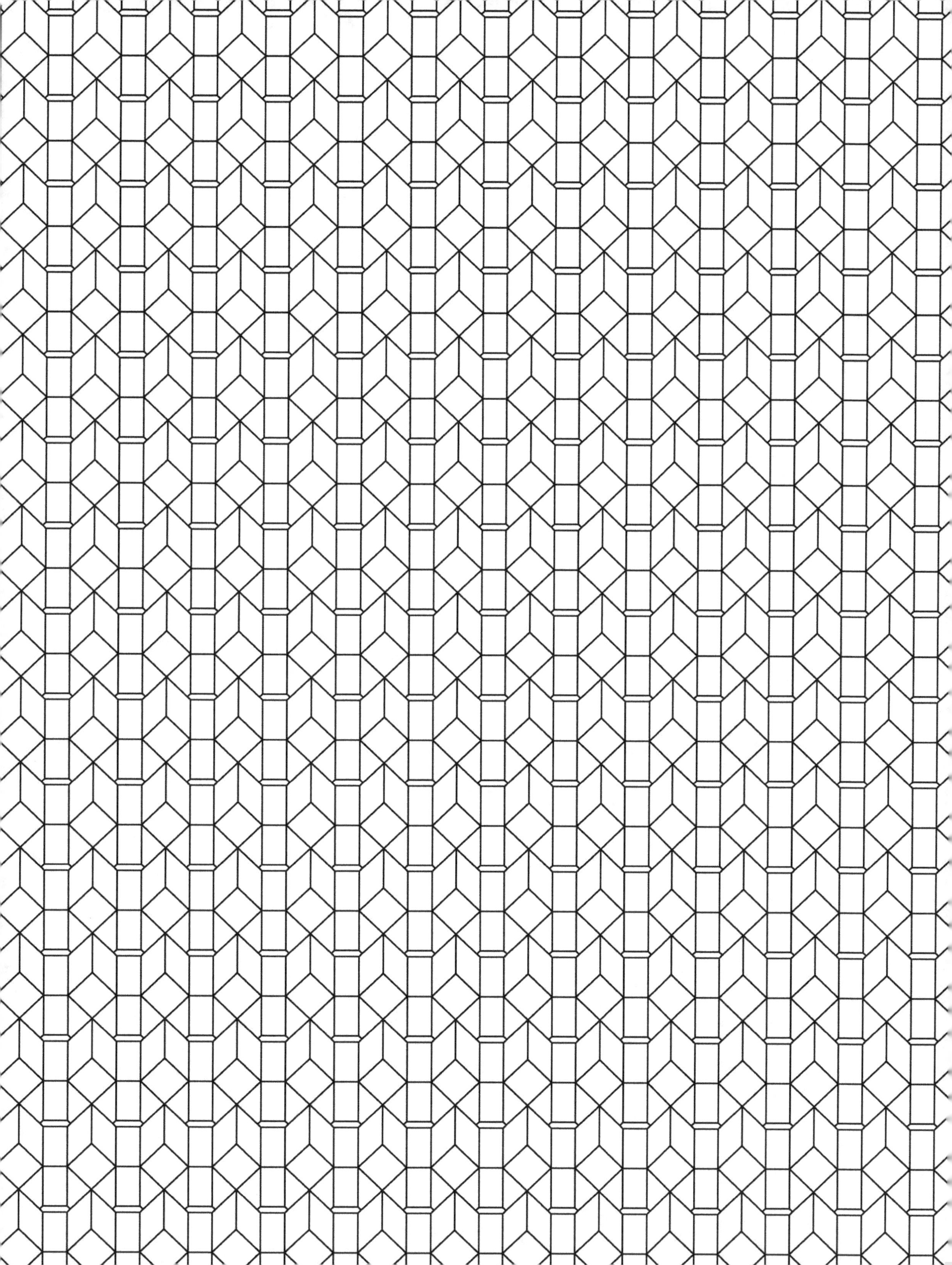

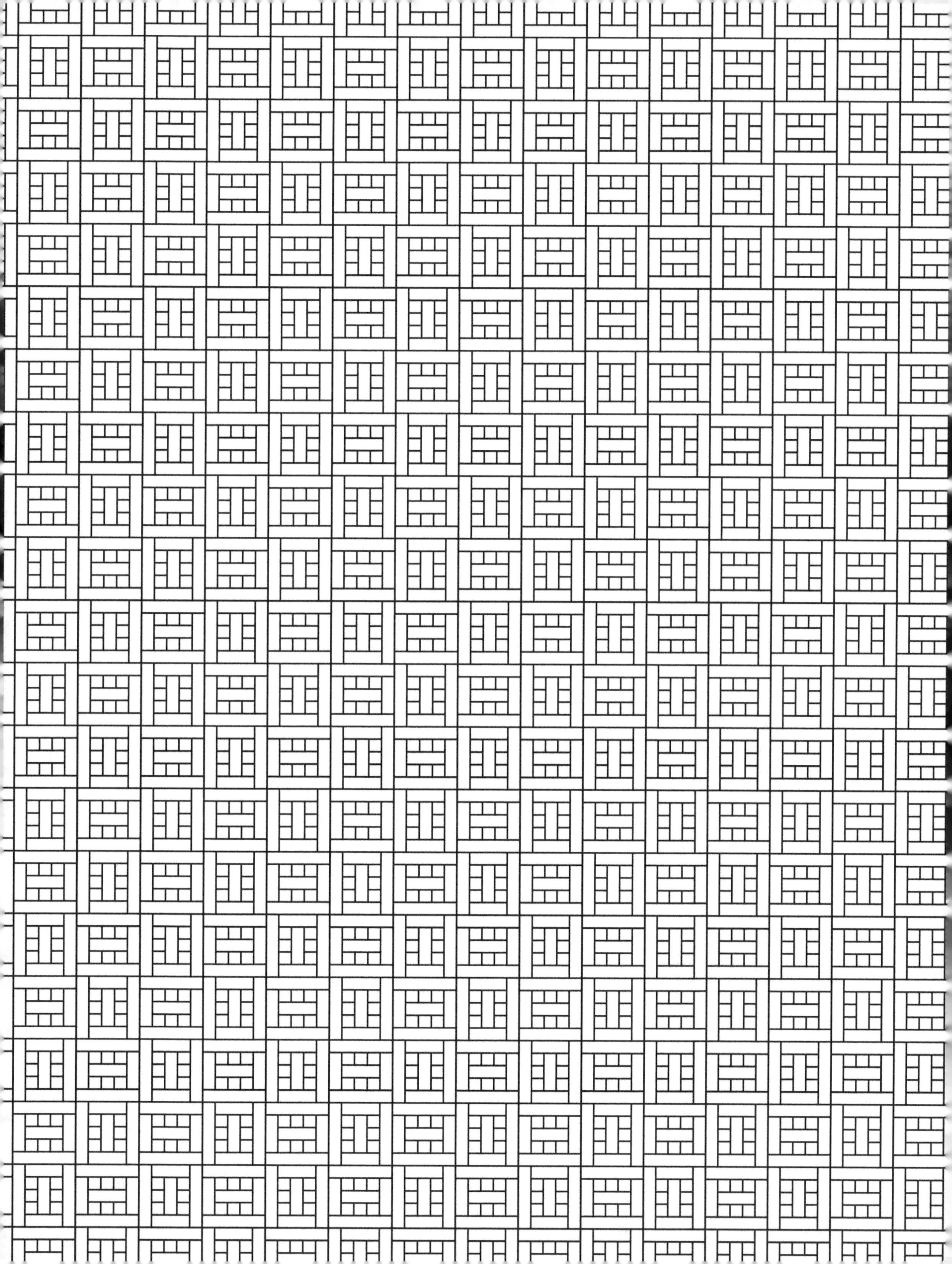

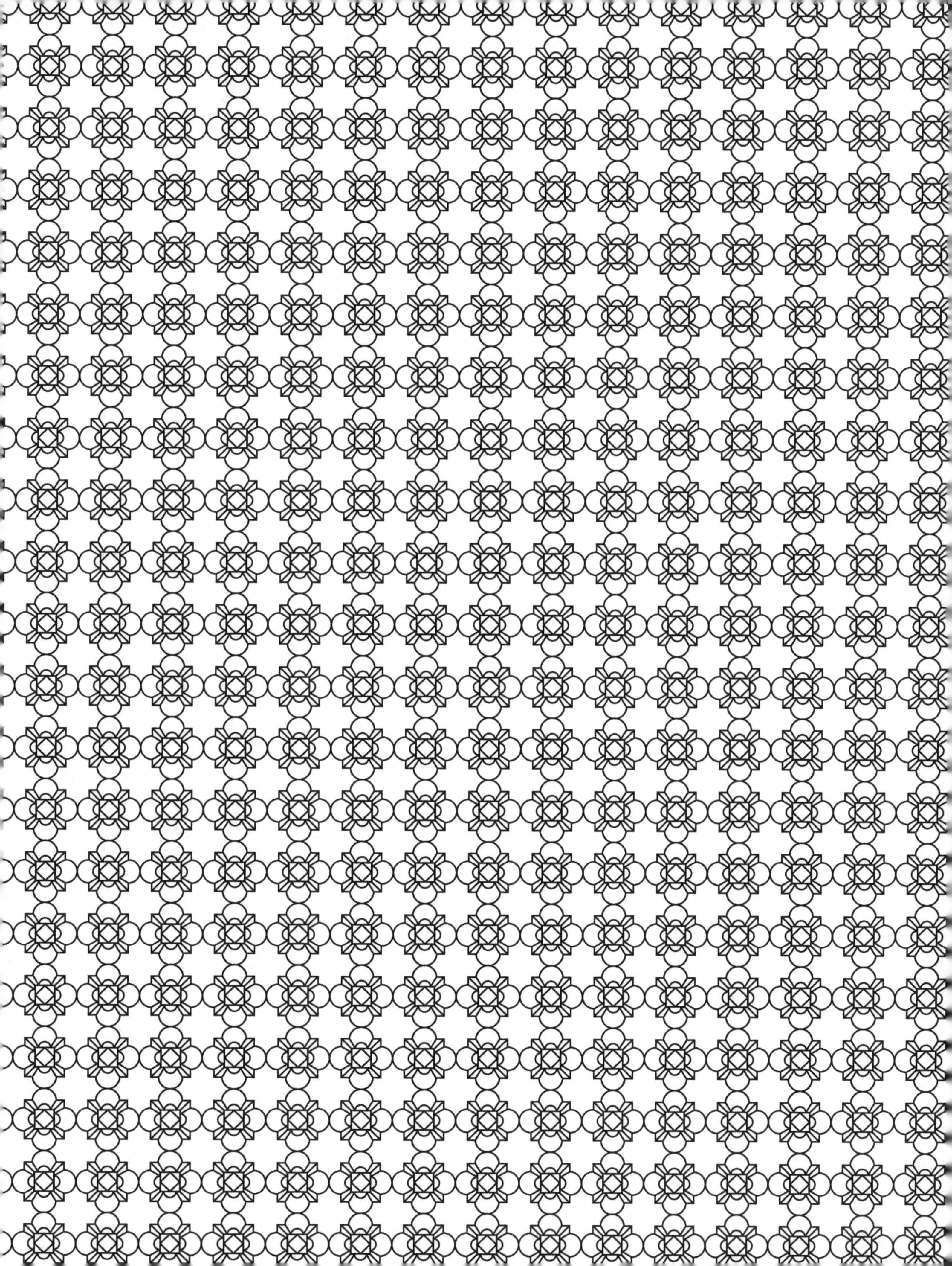